ESSAIS

SUR

L'ADMINISTRATION PROVINCIALE

DES

ÉTATS CONSTITUTIONNELS DE L'EUROPE

PAR THIBAULT LEFEBVRE,

AVOCAT A LA COUR ROYALE DE PARIS.

BELGIQUE.

Prix : 1 fr. 50 cent.

PARIS.

JOUBERT, LIBRAIRE DE LA COUR DE CASSATION,

RUE DES GRÈS, 14, PRÈS DE LA FACULTÉ DE DROIT.

1843

ESSAI

SUR

L'ADMINISTRATION PROVINCIALE

DES ÉTATS CONSTITUTIONNELS DE L'EUROPE.

DE L'ADMINISTRATION PROVINCIALE EN BELGIQUE.

Les temps de fusion attendus par les socialistes modernes sont loin encore. Les dissemblances des législations les plus rapprochées des peuples les plus semblables, le prouveraient de reste s'il en était besoin. De tous les peuples, aucuns peut-être ne se touchent par des points de contact plus nombreux que le Belge et le Français : même langue, mêmes lois, mœurs presque identiques, climat peu différent, intérêts longtemps confondus ; presque tout les rapproche. Longtemps membres d'un même empire, nés tous deux à la même liberté, dans un même temps, à l'aide d'une révolution contemporaine, ils ont établi une même division des pouvoirs, un même système judiciaire, financier, militaire : je le répète, presque tout les assimile. Eh bien ! comparez ensemble les lois faites sur les mêmes objets, dans les mêmes vues, presque au même moment, chez les deux peuples, et si des affinités nombreuses vous frappent d'abord, bientôt l'étude fait jaillir des dissemblances dont le nombre vous éblouit et la contrariété vous surprend.

L'article 69 de la Charte de 1830 promit à la France des institutions départementales fondées sur un système électif : les lois du 22 juin 1833 et du 10 mai 1838 ont réalisé cette promesse. La constitution belge, par son

1843

1

article 108 , promit à la Belgique des institutions provinciales basées sur l'élection directe, la publicité des
séances , la publication des budgets et des comptes, et
l'attribution aux conseils provinciaux de tout ce qui est
d'intérêt provincial : une loi, en date du 30 avril 1836,
a réalisé cette promesse.

Dans tout acte administratif il y a deux opérations
intellectuelles, deux idées philosophiques à considérer :
la délibération dans laquelle on l'arrête, l'action par
laquelle on l'exécute. Lorsque le législateur français
organisa l'administration départementale, il ne nia pas
la première , mais il la jeta dans l'ombre et se préoccupa
surtout de la seconde. Administrer, selon lui, c'est
agir : or l'action exige une unité de vues , une homogénéité de volonté, une spontanéité de mouvements qui
est le propre d'un seul. Un seul fut chargé de l'administration : ce fut le préfet. Le législateur belge s'arrêta à
la première idée. L'action ne lui apparut que la conséquence, la suite de la délibération ; selon lui , c'est au
moment où l'on résout, où l'on arrête l'acte, qu'on administre bien plutôt qu'au moment où on l'exécute. L'exécution est une opération matérielle et secondaire : la
résolution , la pensée qui la précède, est la partie saillante de l'acte. Or la délibération suppose un débat,
un examen , une comparaison possible seulement à
plusieurs. Le législateur belge plaça l'administration
dans un corps délibérant : l'agent actif, le gouverneur,
ne fut plus que le passif exécuteur des ordres du corps
délibérant, du conseil provincial.

Nous avons dit ailleurs (V. *Constitution et Pouvoirs
des conseils généraux et des conseils d'arrondissement*)
comment la loi française a réalisé ses théories ; voyons
comment le législateur belge a développé sa pensée.

ORGANISATION DU CONSEIL PROVINCIAL.

La Belgique est divisée en neuf provinces, savoir : celle d'Anvers, de Brabant, de la Flandre occidentale et orientale, de Hainaut, de Liége, de Limbourg, de Luxembourg et de Namur. Dans chaque province il y a un conseil provincial, élu par les électeurs désignés par la loi, et un commissaire du gouvernement qui, sous le nom de *gouverneur*, est nommé et révoqué par le roi.

Tout Belge âgé de vingt-cinq ans accomplis, et qui *paye* [1] la contribution directe voulue par la loi, est électeur. En France, pays d'unité, sans se préoccuper de la différence de richesse, d'aisance, de produits des divers départements, on a fixé un chiffre unique et invariable. La loi a dit : Quiconque, réunissant d'ailleurs les autres conditions légales, payera, dans quelque département que ce soit, deux cents francs de contributions directes, sera électeur. En Belgique on

---

[1] Ce n'est pas sans motifs que nous soulignons le mot *payer*. La loi électorale du 3 mars 1831 portait que, pour être électeur, il fallait *verser* au trésor la somme déterminée. On en a conclu, en se cramponnant judaïquement à ce mot, qu'il n'était pas nécessaire de payer cette somme pour acquitter des contributions dues, mais qu'il suffisait de la *verser* au trésor. Un homme était donc électeur dans sa province, par exemple dans celle de Namur, si propriétaire ou non, censitaire ou non, il allait porter au percepteur 20 florins. Des tribunaux ont ainsi entendu la loi ; des hommes d'État se sont rencontrés qui ont soutenu un tel non-sens politique. Une loi discutée en 1843 décide qu'il ne suffit pas de payer la somme fixée pour être électeur, qu'il faut encore la payer en acquit de ses contributions.

a varié le chiffre du cens contributif là où variaient
l'aisance et la population. Le cens gradué sur cette double échelle monte ou descend, non-seulement de province à province, mais dans la même province de la
campagne aux villes. Identique pour tous les citoyens
des campagnes d'une même province, il est plus ou
moins élevé dans les différentes villes de la même province, selon que la ville est plus ou moins peuplée.
A l'exception du Limbourg, du Luxembourg, de Namur, dans lesquelles le cens s'abaisse, dans la première
à vingt-cinq, dans les deux dernières à vingt florins,
les électeurs des campagnes dans tout le royaume
acquittent une contribution directe de trente florins au
moins. Le chiffre du cens dans les villes d'une même
province est bien plus varié. Prenez pour exemple la
province d'Anvers; vous le verrez, de 35 florins à Turn-
hout et à Lierre, passer à 40 à Malines, et s'élever à
80 à Anvers. Ce dernier chiffre est le plus élevé qu'at-
teint dans toute la Belgique la cote contributive exigée :
nulle part il n'est dépassé; on ne l'exige qu'à Anvers,
à Bruxelles et à Gand. La modicité du cens qui descend,
avons-nous dit, dans les campagnes de Luxembourg et
de Namur, jusqu'à 20 florins, et peut, lorsque le chiffre
des électeurs d'un canton est inférieur à 70, s'abaisser aux
4/5 du cens ordinaire (16 flor.), même aux 3/5 (12 flor.),
quand le nombre ne dépasse pas 40, donne un chiffre
d'électeurs tellement considérable, que le total des listes
électorales de toute la Belgique surpasse celui des listes
électorales de toute la France.

Les listes électorales dressées en France par les préfets, le sont en Belgique par les députations provinciales. La différence des attributions tient à la différence
des systèmes. En France, le pouvoir a sur les élec-

tions départementales une influence légale fort étendue.
Il compose les listes, connaît de la validité des élections,
vérifie les pouvoirs. L'autorité n'a sur les élections belges
qu'une action tellement affaiblie, qu'elle est tantôt insignifiante, tantôt complétement nulle. Elle est insignifiante, en ce qu'elle ne consiste qu'en des mesures pré-
paratoires ou d'exécution pure; elle est nulle, en ce
qu'elle ne porte ni sur la composition du corps électoral,
ni sur les opérations auxquelles il se livre, ni sur les
résultats auxquels il arrive. Le gouvernement, non plus
que ses agents, ne connaissent ni de la formation des
listes, ni de la validité des élections, ni de la vérification des pouvoirs. Ces soins sont confiés aux députations et aux conseils provinciaux.

La loi se réserve de régler par elle-même les opérations
électorales, dont l'importance lui paraît plus grande.
Ainsi les électeurs n'attendent pas comme en France
une convocation du pouvoir pour se réunir et procéder
aux élections des conseillers provinciaux. La loi, qui
agit beaucoup plus que le gouvernement, détermine
elle-même le jour de la réunion. Le quatrième lundi du
mois de mai est le jour invariablement fixé. Tous les
électeurs inscrits sur les listes s'assemblent au chef-lieu
du canton électoral, sous la présidence du juge de paix
ou du président du tribunal. Dans la ville chef-lieu,
les quatre membres les moins âgés de la régence, partout
ailleurs les quatre membres les moins âgés du conseil
communal, sont nommés scrutateurs.

L'éligible qui obtient au moins la moitié plus un des
suffrages exprimés, est élu. Tout Belge domicilié dans
la province, et qui n'est ni en état de faillite ou d'interdiction judiciaire, ni sous le poids d'une condamnation à
des peines afflictives ou infamantes, est éligible. Aucune

condition de cens n'est exigée ; pourtant on ne peut élire
ni les employés du gouvernement de la province ou des
arrondissements, ni les agents comptables de l'État ou
de la province, ni le gouverneur, ni le greffier provincial
non plus que les membres de la chambre des représentants ou du sénat.

La loi belge a exclu les élus du pays des conseils provinciaux ; d'abord parce qu'elle a craint qu'une double
élection en les rendant doublement influents ne les
rendît dangereux, et ensuite parce que, aptes à
devenir membres des députations provinciales, ils
ne pourraient, en cas d'élection, en exercer les
fonctions. Membres des députations, ils sont retenus
dans leurs provinces ; membres du congrès, ils sont
appelés à Bruxelles : ils ne pouvaient, a-t-il sem-
blé, faire partie des deux assemblées. Si on leur eût
donné entrée dans les conseils, il eût fallu créer une
nouvelle catégorie d'incapables aux fonctions de la députation. Cette création n'eût été en harmonie ni avec
la hiérarchie politique, ni avec l'esprit de la législation.
En dernier lieu, leur influence dans le pays leur eût
presque assuré une élection certaine, et ils eussent
écarté des citoyens qui avaient du temps et des connais-
sances spéciales à consacrer à la chose publique.

Nous ne pouvons applaudir à une pareille résolution. Supposez l'existence du système contraire, qu'en
fût-il résulté ? On n'eût point élu membre d'une députation provinciale un membre des chambres : l'impos-
sibilité d'exercer simultanément les attributions des
deux qualités n'aurait pas eu, en fait, d'autre résultat.
La loi, libre d'ailleurs de changer un fait présumable
en une règle obligatoire, eût pu ajouter les membres
des chambres, membres en même temps des conseils pro-

vinciaux, à la longue liste des citoyens qu'elle écarte des députations provinciales.

La Belgique, en agissant autrement, a privé ses représentants d'un centre d'initiation à la connaissance pratique des affaires, d'autant plus utile qu'il est presque unique. Au lieu de les exclure des conseils provinciaux, il eût peut-être été désirable qu'on les y admît de plein droit. Il n'y eût point eu cumul blâmable, mais seulement extension licite des fonctions de représentant. Les conseils eussent retiré profit du concours des hommes les plus considérables du pays, et des citoyens rompus aux affaires et façonnés aux habitudes des assemblées délibérantes. Le législateur belge, nous le répétons, loin d'admettre ces raisons, a prononcé l'exclusion absolue des membres du sénat et de la chambre des représentants.

Au moins on reconnaîtra aisément que l'admission, dans un même conseil provincial, des parents ou des alliés au deuxième degré, eût été sans inconvénients.

Dans un conseil municipal, où les intérêts particuliers se confondent souvent avec les intérêts généraux, où la gestion des biens communaux est la grande affaire, où l'influence de la parenté se fait plus sentir, les instincts étroits sont plus présumables, et les querelles intéressées plus ordinaires, la présence simultanée dans un même conseil des parents et alliés aux premier et second degrés a ses dangers; mais dans un conseil provincial, les mêmes inconvénients semblent impossibles. La loi prohibe cependant l'introduction dans un même conseil du père ou du fils, du petit-fils et des frères, des cousins et des alliés au même degré. Si deux parents au rang prohibé y entrent ensemble, elle n'y laisse que celui des deux qui a obtenu le plus de voix.

Si des contestations s'élèvent ou sur la formation des listes ou sur la validité des élections, elles sont portées devant la députation provinciale. Ce système est sans contredit plus rationnel que le système français, qui abandonne à un agent du pouvoir, au préfet, opérateur et juge à la fois, la formation des listes, l'examen et la poursuite des contestations auxquelles elles donnent lieu. Aussi j'imagine que, s'il y avait en France comme en Belgique un corps électif permanent auquel on pût déférer les contestations sur la validité des élections, on l'en eût fait juge. La nature toute politique, toute spéciale d'un tel procès, le rend étranger aux tribunaux civils. On l'a si bien senti, qu'on en a déféré la connaissance aux conseils de préfecture : leur constitution a paru les rapprocher davantage des tribunaux politiques, dont nous manquons.

Le nombre des membres des conseils provinciaux varie suivant la population. Si, pourtant, on prend une moyenne, il apparaît qu'il y a environ un conseiller élu pour 8,256 âmes de population. Aucun conseil, pas même celui de la province de Namur, qui ne compte que 210,544 âmes, n'est formé de moins de 43 membres; la Flandre orientale, peuplée de 724,032 individus, possède un conseil composé de 73 conseillers.

Ce grand nombre a des inconvénients. Les assemblées trop nombreuses courent risque de devenir tumultueuses; leurs membres désirent souvent paraître plutôt qu'étudier, et discourir plutôt qu'approfondir; en somme, on parle plutôt qu'on n'administre. La largeur de la base donnée au système électoral entraîne inévitablement ces dangers. L'institution de la députation provinciale a pour but de les prévenir ou de les corriger.

Le conseil ainsi constitué se réunit, de plein droit, le

premier mardi de juillet de chaque année en session ordinaire; des sessions extraordinaires peuvent être convoquées par le roi. La loi a fixé l'époque de la réunion ; elle en fixe aussi la durée ; elle est de quinze jours. Le pouvoir exécutif, en France, s'occupe seul de ces choses ; lui seul encore détermine le lieu de réunion : la loi, en Belgique, désigne à cet effet le chef-lieu de la province. Autre différence : en Belgique, le conseil peut prolonger sa session de huit jours sans aucune autorisation ni provocation de l'autorité ; il peut même la prolonger jusqu'à quatre semaines, en s'entendant avec le gouverneur ; en France, le temps fixé ne peut être dépassé sans qu'il y ait abus de pouvoirs, prévarication à la loi et punition sévère ; enfin, en France, le préfet propose les délibérations ; en Belgique, le président fixe l'ordre du jour. Les besoins de la centralisation motivent la différence des dispositions. Chez nous on donne beaucoup au pouvoir, chez nos voisins on laisse davantage à la loi.

Le mode d'opérer la vérification des pouvoirs offre un nouvel exemple de dissemblance. En France, le préfet y procède; il reçoit les procès-verbaux, constate les irrégularités, examine les titres, poursuit les nullités ; en Belgique, le conseil provincial est seul chargé de ces soins divers. Certainement on déplorerait que les membres d'une assemblée délibérante, d'un conseil chargé de contrôler les actions des agents de l'autorité publique, ne pussent agir qu'après examen, et approbation du pouvoir, et l'on applaudirait à la sagesse des Belges, qui met les membres des conseils à l'abri des passions blâmables des administrateurs secondaires, des préoccupations politiques des ministres, et écarte loin des magistrats élus les habitudes avec les besoins de la servilité, si l'on ne songeait à la différence des institutions dans les deux pays. Chez nous, les conseils généraux, dépouillés du caractère de la représentation, ne sont autre chose que des assemblées administratives; en Belgique, les élus provinciaux sont revêtus d'une véritable représentation.

Les séances sont publiques en Belgique, et la publicité n'a aucun des dangers redoutés en France. Le scrutin est fait aussi sous le sceau de la publicité; tous les membres se prononcent par assis et levé sur chaque disposition, puis chacun d'eux, appelé à son tour, vote sur l'ensemble de la résolution. Le président : 1° fixe l'ordre du jour, 2° a la police de l'assemblée, 3° dirige les débats, et 4° fait respecter l'ordre; son pouvoir, sous ce dernier rapport, va jusqu'à faire arrêter et incarcérer les perturbateurs. Il règle l'ordre des discussions et fait connaître les propositions. Chaque membre est libre de présenter toutes celles qui lui conviennent, et si les propositions faites trouvent l'appui de cinq membres, elles sont discutées.

Il a été dit qu'un État qui salarie ses représentants est un État qui attend un maître. Je ne saurais voir la perte de l'esprit civique et la corruption des mœurs politiques d'une nation dans l'indemnité qu'elle accorde à ses représentants. L'indemnité m'apparaît plutôt comme le signe de la diffusion de l'instruction, de l'égalité des fortunes et de l'élévation des petits. Quand les lumières sont le partage de la seule fortune, et quand le pays est gouverné par une riche aristocratie, les gouvernants n'ont pas besoin d'être rétribués; ils ne le sont pas. Mais quand les emplois sont accessibles à tous, et que les hommes d'une mince fortune arrivent aux honneurs du gouvernement, il faut que l'État subvienne par ses largesses à leur pauvreté. Je suis bien loin des idées communes ; il me semble que le gouvernement démocratique est le plus coûteux des gouvernements, et qu'à mesure qu'on se rapproche davantage de l'état populaire, loin d'abaisser les traitements des fonctionnaires, il faudrait les augmenter. Les Belges semblent s'être pénétrés de ces idées en constituant les assemblées provinciales. Ils allouent aux conseillers provinciaux une indemnité calculée par myriamètre et par jour. Chaque membre reçoit 3 francs par myriamètre pour frais de route, et 5 francs pour chaque jour de la session. C'est un véritable traitement. Nous avons agi à peu près de même envers les membres du jury, mais nous n'avons pas suivi le même système pour les conseillers généraux. La fortune que suppose le cens contributif exigé en France, est trop considérable pour faire concevoir le besoin d'une indemnité. Mais en affranchissant les candidats de toute condition de cens, l'indemnité devenait en Belgique une nécessité.

ATTRIBUTIONS DU CONSEIL PROVINCIAL.

Le jurisconsulte qui parcourt les lois belges n'y trouve pas les traces de l'esprit classificateur et méthodique qui tire au cordeau nos dispositions législatives. Les Belges procèdent plutôt par énumération que par classification. Les lois plus complètes laissent peut-être moins de place à l'arbitraire, mais plus irrégulières elles laissent moins saisir leur ensemble. Ce défaut, si c'en est un, apparaît notamment dans la loi sur les attributions des conseils provinciaux, à laquelle nous passons. La règle dominante est celle-ci : tout ce qui est d'intérêt provincial doit être délibéré et arrêté définitivement par les conseils. Les choses qu'ils ne font pas sont délibérées et arrêtées par la députation. Cependant, à raison de leur gravité, certains actes déterminés sont soumis à l'approbation du roi. Les conseils nomment les fonctionnaires administratifs, rendent des arrêtés obligatoires, mais le roi approuve les nominations et peut annuler les arrêtés. Remarquons seulement que l'approbation royale n'est jamais indispensable; l'arrêté rendu est valable, et il ne cesse d'avoir son effet qu'autant qu'il est formellement désapprouvé. Les arrêtés sont exécutés par le gouverneur, auquel nous ne verrons jouer qu'un rôle passif.

Le pouvoir dont la loi investit en première ligne les conseils, pouvoir tout à fait étranger à nos conseils généraux, est celui de nommer tous les employés de la province, et de fixer les traitements de chacun. Lorsque le conseil ne veut pas user lui-même de ce droit, il le délègue à la députation, et la députation fait les nominations. La puissance quitte ainsi le pouvoir central, et la province, comme désarticulée du corps social, ne se rattache au tronc administratif que par les faibles liens d'une surveillance répressive. L'impulsion ne vient pas du centre, et ce n'est pas vers lui que se tournent les yeux. On n'en attend ni récompense ni punition. Les fonctionnaires dépendent et ressortent des autorités locales; c'est leur volonté unique qu'ils recherchent, c'est de leur esprit seul qu'ils se pénètrent. Aussi les voit-on beaucoup plus préoccupés des désirs locaux que des besoins généraux. L'administration belge tend à se rapetisser, et à prendre les proportions de l'esprit étroit et exclusif de localité.

Le premier et le second magistrat administratif de la province, le gouverneur et le greffier provincial, dont nous examinerons plus loin les pouvoirs, sont à juste

titre exceptés de cette règle, ainsi que les juges des tribunaux et des cours d'appel. Pourtant, quant à ces der-
niers, les conseillers des cours d'appel et les présidents et
vice-présidents des tribunaux ne sont nommés par le
roi que sur une liste double, dont l'une est dressée par
les cours et l'autre par les conseils. Le pouvoir est sans
cesse refoulé des régions où il pourrait agir : si on lui
laisse le rôle de modérateur, on lui enlève les forces de
l'acteur.

Les pouvoirs financiers des conseils provinciaux n'ont
pas pour premier et principal objet la répartition des
contributions. C'est la grande affaire des conseils généraux en France ; c'est pour les conseils provinciaux de
Belgique une opération si secondaire, que le plus souvent,
après en avoir réglé les bases, ils abandonnent l'opération aux députations permanentes. Le point capital,
pour le conseil, est : 1° le vote du budget, 2° l'examen
et le prononcé définitif des comptes de l'exercice précédent, comptes sur lesquels les conseils généraux français se bornent à délibérer.

Les comptes sont publiés, insérés dans un recueil of-
ficiel nommé *Mémorial administratif*, donnés pendant
un mois en communication à tous ceux qui les deman-
dent, et déposés aux chambres. Le budget, quoique
voté par les conseils, est soumis à l'approbation du roi. Il
contient toutes les recettes et les dépenses provinciales ;
certaines doivent y être nécessairement inscrites Ces dernières dépenses sont obligatoires. En cas d'oubli ou de refus du conseil, elles sont inscrites d'office au budget : ce
sont les menues dépenses de tous les corps judiciaires,
ainsi que le loyer, l'entretien et les contributions des
bâtiments provinciaux. Les bâtiments provinciaux sont
nombreux : ce ne sont pas seulement, comme en France,

tous les palais-de-justice autres que ceux destinés aux cours d'appel, les maisons d'arrêt de toute nature, les casernes de gendarmerie, mais encore les églises cathédrales, les palais épiscopaux, les séminaires diocésains. L'achat et l'entretien du mobilier de ces bâtiments font aussi partie essentielle du budget, ainsi que les traitements des ingénieurs et autres employés des ponts et chaussées au service de la province, les salaires des messagers de canton, les pensions des anciens employés, l'entretien des aliénés, celui des enfants trouvés et des indigents, enfin celui des citoyens renfermés dans les dépôts de mendicité. Les frais d'entretien des routes, les travaux hydrauliques et de desséchement, les frais de route accordés aux voyageurs indigents, ceux pour la confection, l'impression, l'affichage, etc., des listes du jury, des tables décennales, du budget et des comptes, sont encore nécessairement portés au budget provincial. Il en est de même des secours donnés aux communes pour l'instruction primaire et moyenne, des fonds destinés à l'acquit des dettes liquides et exigibles, et des dépenses accidentelles ou imprévues.

L'État se charge du traitement du gouverneur, des membres de la députation provinciale, du greffier et des employés des bureaux du gouvernement provincial, des commissaires d'arrondissement, des frais concernant la milice, les commissions médicales, le logement et le mobilier nécessaire aux membres du gouvernement provincial, et celui des bureaux de garantie d'or et d'argent.

Si, en France, le conseil général se borne à préparer l'action et délibérer les opérations, en Belgique le conseil agit et fait. Il autorise les emprunts, les acquisitions, les aliénations, les échanges des biens de la province, et l'introduction devant les tribunaux des actions judiciaires, intentées et suivies, au reste, par le gouverneur au nom de la députation provinciale. Il décide la création et l'amélioration des établissements publics ; statue sur la construction, l'entretien, la réparation des routes et des canaux ; adopte les projets d'utilité publique, et vote les fonds nécessaires pour leur confection.

Quels pouvoirs étendus, quelle puissance d'action ! Chez nous c'est le gouvernement qui propose, décide en dernier ressort, et opère les choses arrêtées ; en Belgique, c'est le conseil qui prononce. Il en résultera, sinon dans le présent, au moins dans un avenir peu éloigné, des embarras inévitables. Chaque députation, mue par des vues locales, des intérêts particuliers, renfermée dans sa province, et se préoccupant peu de ses voisins, agira sans se concerter avec eux. Les travaux publics n'auront point d'harmonie. Dans un temps rapproché, les voies de communication provinciales notamment n'étant point ramenées à un centre commun par une volonté supérieure, seront conduites d'après des plans différents, et formeront autant de systèmes que de provinces. La Belgique sera le centre d'une grande activité, mais d'une faible homogénéité ; les travaux y seront nombreux, mais les efforts mal combinés. On a pressenti ces dangers, et la loi cherche à les éviter. Elle laisse au gouvernement la décision définitive de tous les travaux qui intéressent plusieurs provinces. De tous les pouvoirs à accorder au gouvernement sur les affaires provinciales, c'était certes le plus inoffensif et le plus indispensable ; pourtant on ne l'a accordé que sous le bénéfice des réserves. Ces réserves, les voici : d'abord, le gouvernement ne peut décider les affaires d'utilité publique qu'autant que le travail est entrepris et exécuté par plusieurs provinces ; si l'ouvrage était fait par une seule province, le pouvoir central n'aurait rien à y voir; en second lieu, même quand le travail d'utilité publique est le fait de plusieurs provinces, l'administration n'a le pouvoir de prononcer qu'autant qu'il y a contestation. C'est un droit d'arbitrage, une intervention pour trancher une difficulté, plutôt qu'un pouvoir absolu de décision. Ce caractère est si hautement prononcé que si les conseils, d'accord sur le travail. ne sont désunis que sur les moyens d'exécution ou sur la répartition des charges, le recours n'est admis que dans les quarante jours qui suivent la décision. La prescription est ainsi acquise après un très-bref délai.

Les communes peuvent aussi entreprendre des travaux d'utilité publique, ou isolément ou en commun. Lorsque plusieurs se sont unies pour exécuter un travail commun, et qu'elles ne sont pas d'accord entre elles, au conseil provincial appartient de les départager. Il n'y a donc jamais intervention d'un pouvoir supérieur, que quand il y a contestation et difficulté. Jamais l'autorité n'apparaît pour donner l'impulsion, préparer ou conseiller : elle juge, mais n'administre pas.

Le roi conserve cependant en certains cas, comme en France, le pouvoir d'approbation. Les actes auxquels l'approbation royale est nécessaire, avant d'être exécutés, sont limités ; ce sont les budgets, les emprunts, les créations d'établissements publics, les transactions, acquisitions, aliénations et échanges d'immeubles provinciaux d'une valeur supérieure à 10,000 francs, la confection des travaux dont les devis dépassent 50,000 francs, enfin l'établissement, la suppression, les changements des foires et des marchés.

L'approbation doit être donnée sans modification ni réserve; la règle ne souffre d'exception que pour le budget dont le roi peut approuver l'ensemble en rejetant les articles qu'il désavoue. Sur tous ces points, même sur ce dernier, la législation belge est, à notre avis [1], en complet accord avec la législation française ; mais elle en diffère en ce qu'en Belgique l'approbation royale se suppose jusqu'à preuve contraire, c'est-à-dire jusqu'à manifestation de la volonté opposée du roi. La fiction est si peu douteuse que si le roi ne rend point un arrêté motivé pour désapprouver l'acte dans les quarante jours de la date de la délibération, elle sort son plein et entier effet. La législation française est tout autre. La délibération d'un conseil général, sans valeur par elle-même, n'emprunte sa force exécutoire qu'à l'approbation royale. Le silence du roi équivaut à l'annulation de l'acte.

L'action que les conseils provinciaux ont sur le développement de la richesse nationale ne se borne pas seulement à la création des foires et marchés ; la loi leur donne mission de veiller à ce qu'on ne mette à l'importation, à l'exportation et au transit des denrées et marchandises, aucun autre droit que ceux établis par les lois.

Le conseil peut, chaque fois qu'il le croit utile, et en se tenant dans le cercle de ses attributions, correspondre avec les autorités constituées et les fonctionnaires provinciaux, il peut leur ordonner de faire des enquêtes, et leur demander des renseignements. Si les agents administrateurs interpellés tardent à agir ou refusent de faire, le conseil provincial peut déléguer un de ses membres ou une commission aux frais des autorités récalcitrantes pour recueillir les renseignements retardés. Il peut charger aussi de prime abord, et sans s'adresser

______

[1] *Constitution et pouvoirs des conseils généraux*, p. 428.

aux autorités locales, une commission de procéder à l'enquête.

Ce pouvoir est en parfaite harmonie avec le caractère des conseils et la nature de leurs fonctions. Corps d'administrateurs chargés d'agir chaque fois qu'ils le pensent utile, il convenait de leur donner les moyens d'investigation nécessaires. Mais transporter un semblable droit aux conseils généraux, comme certains députés le désiraient lors de la discussion de la loi de 1838, serait bouleverser tout notre système administratif. Le pouvoir de faire des enquêtes emporte le droit de louer ou de blâmer : chaque fois qu'on l'accordera à une assemblée délibérante en matière administrative, on placera sous sa dépendance les fonctionnaires de l'ordre administratif. En Belgique il n'y a dans cette dépendance qu'harmonie et sagesse, puisque les fonctionnaires nommés par les conseils relèvent d'eux; mais en France ce serait confondre les pouvoirs et préparer l'anarchie administrative.

Les conseils provinciaux belges ont une sorte de pouvoir législatif. Ils font des règlements d'administration intérieure et de police pour la province. Sans doute ces règlements sont soumis à l'approbation du roi, ne peuvent avoir pour objets les choses déjà régies par les lois ou règlements antérieurs, et les lois ou règlements postérieurs les abrogent s'ils statuent sur les mêmes choses, néanmoins ce droit constitue un immense pouvoir. On dira peut-être qu'un semblable droit appartient aux préfets français, et que, si nous avons pu le donner sans inconvénients à un seul homme, à bien plus juste titre on a pu l'accorder à une assemblée. Un homme seul agit d'après sa première impression, souvent incomplète, fréquemment irréfléchie, quelquefois fausse. Une assemblée discute, délibère, s'éclaire et ne vote qu'avec maturité. Ces choses sont vraies; mais constatons que le droit des préfets français est bien autrement restreint que celui des conseils belges. Indépendamment de toute autre dissemblance, les préfets ne peuvent prononcer dans leurs arrêtés ni amende, ni emprisonnement; les conseils provinciaux belges peuvent prononcer un emprisonnement de huit jours et une amende de 200 francs. Si l'un des arrêtés des conseils provinciaux, quelle que soit sa nature ou son objet, blesse l'intérêt général ou sort des attributions des conseils, le gouverneur prend un recours auprès du gouvernement dans les dix jours; le roi doit prononcer par arrêté motivé dans les trente jours; mais laisse-t-on passer ce délai, l'acte du conseil provincial est exécutoire; une loi seule a le pouvoir d'arrêter son effet.

La loi française interdit aux conseils généraux de faire, sous quelque prétexte que ce soit, des proclamations ou des adresses aux habitants : les conseils provinciaux belges possèdent le droit contraire; ils peuvent faire toute espèce de proclamations ou d'adresses, pourvu que le gouverneur donne à ces actes son assentiment. Un concert déplorable est-il à redouter ? En France, où les préfets, délégués d'un pouvoir vers lequel la crainte et l'espérance leur font sans cesse tourner les yeux, il serait fort peu présumable. En Belgique, où le pouvoir, plus affaibli, est partout moins présent, les dangers d'un accord fâcheux entre le gouverneur et le conseil sont plus à craindre. Mais le gouverneur relève du pouvoir central, et la destitution sera toujours un remède suffisant pour empêcher la continuation de cette illicite harmonie. Toutefois, disons-le, remède répressif et jamais préventif, la destitution ne préviendra ni n'arrêtera les effets produits sur les populations par les proclamations dangereuses.

Si la loi ne prévient pas les dangers, conséquences possibles des proclamations ou des adresses, elle en évite d'autres qui pourraient être non moins grands. Les conseils des provinces n'ont pas le droit de correspondre entre eux, mais le mépris de l'interdiction n'est puni d'aucune peine; la loi désarmée reste sans sanction. Elle se montre plus rigoureuse pour les réunions hors du temps et du lieu fixés. Elle commande au gouverneur, en cas de contravention, de faire séparer l'assemblée, de rédiger un procès-verbal du fait, et de le transmettre au procureur général du ressort. Les peines répressives de la réunion illégale sont moins sévères que celles encourues en France pour le même délit. Les membres qui ont pris part à la délibération sont punis d'un emprisonnement de six mois à deux ans, que le juge peut toujours modérer par l'application des circonstances atténuantes. Plus complète sous ce rapport que la loi française, la loi belge en donne expressément le pouvoir au tribunal; plus sage en ce qui touche les peines, elle ne les applique qu'aux membres qui ont pris part à la délibération, et non pas à ceux qui y ont seulement assisté; enfin, moins rigoureuse, si elle permet d'ajouter à l'emprisonnement la peine de l'inéligibilité, elle laisse le juge complétement libre : c'est pour lui une faculté, et non une obligation.

En France, où les populations sont encore fort étrangères aux affaires, où l'esprit de suite n'est pas la qualité dominante, où les conseils généraux ont le caractère de corps administratifs plutôt que d'assemblées politiques, on a prolongé la durée de leur existence pendant le laps de neuf ans. La longueur de ce temps a soulevé de nombreuses réclamations. La Belgique

n'a pas à les craindre. Chez elle, comme l'assemblée
constituante l'avait établi en France, la durée du
mandat est de quatre ans, et le conseil provincial est
renouvelé par moitié et par ordre de séries. Les conseillers peuvent, avant ce terme, se démettre de leurs
fonctions. Dans cette hypothèse, ils doivent adresser
leur démission à la députation ou au conseil provincial,
et jamais au gouverneur. Il est tellement de la nature
des assemblées délibérantes de connaître de leur composition, que quand nous avons examiné ailleurs [1] la
même question, nous avons eu hâte de donner la même
solution, et de dire que les démissions devaient être
adressées au président du conseil général, et les exclu-
sions prononcées par lui.

DE LA DÉPUTATION PROVINCIALE.

Le point capital de la législation belge, la création
qui donne à ses institutions provinciales la vigueur
et la force, est l'établissement de la députation provinciale. Nous avons dit que trois combinaisons se pré-
sentent à l'esprit du législateur lorsqu'il procède à la
constitution des assemblées secondaires : ou il leur
donne pour base la délégation, en les faisant nommer
par le chef de l'Etat ; ou il leur imprime le double caractère de l'élection et de la délégation, en laissant au chef
de l'État le pouvoir de désigner les conseillers sur des
listes de candidats élus : ainsi procédait la loi du 28 plu-
viôse an VIII ; ou enfin il les fait sortir de l'élection directe. Dans cette dernière hypothèse, la loi les peut
constituer ou assemblées consultatives temporaires, ou

---

[1] V. *Constitution et Pouvoirs des conseils généraux*, p 71.

assemblées administratives permanentes. L'assemblée constituante avait suivi ce dernier parti. Dans l'impuissance de laisser agir un conseil dont le nombre eût entravé l'action, elle avait donné mission à la grande assemblée nommée *administration du département*, d'élire dans son sein un petit conseil composé de huit membres, nommé *directoire du département*. Il avait pour mission d'agir et d'administrer, de procurer l'action et d'exercer toute l'initiative locale. Les membres du directoire élus par l'administration du département restaient pendant deux ans en fonctions, et pendant tout ce temps, établis en permanence, ils expédiaient les affaires.

La Belgique a suivi cette voie. Dans toutes les provinces, un conseil composé de six membres élus par le conseil provincial, forme sous le nom de *députation provinciale* un corps permanent renouvelé tous les deux ans par moitié, et par ordre d'ancienneté. Chaque membre reste ainsi quatre ans en exercice. Les fonctionnaires de l'ordre judiciaire, les ministres des cultes, les ingénieurs et conducteurs des ponts et chaussées et des mines, les employés de l'administration, ou subordonnés directement au gouverneur, au conseil ou à la députation ; les personnes chargées de l'instruction publique et que salarient l'État, la province ou la commune ; les membres, secrétaires, trésoriers et receveurs des administrations des villes, des biens des pauvres, des hospices ou des bureaux de bienfaisance, les avocats plaidants, les avoués et les notaires ; les parents ou alliés jusqu'au quatrième degré inclusivement de l'un des membres de la députation, ne peuvent être élus membres de la députation provinciale. Ceux-ci, comme les juges, les instituteurs, les prêtres, les administrateurs, sont écartés

à cause de leurs fonctions, dont la nature est exclusive
de celles des administrateurs, ou qui les forcent à un
séjour continu dans des lieux différents de ceux où siége
la députation. Ceux-là, comme les ingénieurs, les secrétaires, trésoriers et employés, sont éloignés à cause de
la subordination à laquelle ils sont assujettis. De ce que
la subordination au pouvoir rend inhabile à l'exercice du
mandat électif, il suit que le membre de la députation
qui accepte une fonction salariée par le gouvernement
est réputé démissionnaire. Ajoutons, ce qui au reste va
de soi, que si le nouveau fonctionnaire n'est pas dans
un des cas d'incompatibilités énoncés par la loi, il peut
fort bien être réélu. La plupart des citoyens inéligibles,
notamment les avocats, les avoués et les notaires, sont
écartés des conseils à cause du conflit présumable entre
leur intérêt privé et l'intérêt général. Leur profession
leur permet de profiter des embarras,' d'utiliser les dif-
ficultés : ne serait-il pas à craindre, a-t-on pensé, qu'ils
ne sortissent des uns qu'avec lenteur, n'évitassent les
autres qu'avec peu d'attention ? La crainte a été si pro-
noncée, qu'on a interdit aux avocats consultants, membres de la députation, de donner des avis sur les affaires
de nature à lui être soumises, et de prendre part à celles
sur lesquelles ils auraient été consultés avant leur élection.

Nous avons vu comment et par qui se confère le
mandat électif, il nous reste à rechercher comment il
prend fin. Le mode le plus ordinaire et le plus naturel
est l'expiration du temps fixé. Au bout de quatre ans
le membre provincial cesse de plein droit de faire partie du conseil. Il peut aussi faire cesser ses fonctions
par la manifestation de sa volonté. S'il envoie sa démission au président et qu'elle soit acceptée, il n'appar-

tient plus à l'assemblée. L'inexactitude fait présumer la résignation des fonctions : un membre qui manque quatre séances est réputé démissionnaire. Dans ce cas comme dans tous les autres, comme dans les cas d'incapacité, de décès, etc., on procède à une nouvelle élection dans un bref délai. Le nouveau membre élu continue la personne du remplacé à ce point que son mandat expire au même temps qu'eussent expiré les pouvoirs du précédent. Il ne pourrait revendiquer le bénéfice de la loi qui fixe à quatre ans la durée du mandat électif.

L'assemblée constituante, en garde contre le pouvoir, n'avait établi aucun représentant de l'autorité centrale près des administrations locales. Un *procureur général syndic* chargé de donner de la suite et de l'ensemble aux affaires, était investi d'un contrôle analogue à celui qu'on eût donné à un commissaire royal si la loi en eût créé. Mais le procureur du département, sans voix délibérative dans le sein du directoire ou de l'administration départementale, étranger au plus grand nombre des séances, où sa présence n'était jamais obligatoire, n'était pas investi par la loi d'un pouvoir suffisant pour obtenir et exercer sur les délibérations une influence utile et légitime. En Belgique, on a compris la nécessité de donner dans le sein des conseils une haute position aux gouverneurs : la loi les déclare de plein droit présidents de la députation ; et si elle leur refuse voix prépondérante en cas de partage, elle leur assure, dans tous les cas, voix délibérative.

Aussitôt nommés, les membres de la députation prêtent serment de fidélité au roi, à la constitution et aux lois, arrêtent leur règlement intérieur, et le soumettent à l'approbation royale. Aucune délibération ne peut être

prise si plus de la moitié des membres n'est présente ;
aucune résolution n'est arrêtée si elle n'a réuni la ma-
jorité absolue des suffrages. Les délibérations sont inscrites sur des procès-verbaux qui contiennent les noms
des membres. Ces noms ne figurent pas dans les procès-
verbaux des conseils français : les craintes d'une publicité dangereuse et la perspective des réclamations d'un
amour-propre déplacé, ont poussé le législateur à inter-
dire leur inscription. Des orateurs parlementaires ont
déploré dans les chambres cette disposition au nom de
la morale publique, de la dignité du représentant, de
l'utilité des représentés ; je ne sais si leurs plaintes
étaient fondées, mais, ce qui est certain, c'est que la publicité donnée aux noms dans les procès-verbaux belges
n'a produit aucun mauvais résultat. Il est juste de dire,
en finissant sur ce point, que la publicité des séances en
Belgique y rend fort insignifiante cette mesure, qui en
France aurait eu une tout autre gravité.

Arrachés à leurs affaires, absorbés par les travaux administratifs, les membres des députations provinciales
ont droit, a-t-on pensé, à de justes dédommagements.
On leur accorde une indemnité fixée pour chacun à
3000 francs, et divisée en deux portions égales, dont
l'une est invariablement réservée à chaque membre, et
dont l'autre forme une masse partagée chaque trimestre
entre les membres qui ont assisté aux séances de la députation. Le partage se fait proportionnément au nombre des séances auxquelles les ayants droit ont assisté.

La députation est instituée pour l'expédition journa-
lière des affaires provinciales et l'exécution des lois qui
lui est déférée. Elle délibère sur toutes les réquisitions
du gouverneur, et donne ses avis sur toutes les affaires
qui lui sont soumises par le gouvernement, ou dont la

connaissance lui est attribuée par les lois. Elle défend en justice contre toutes les actions où la province est engagée, intente les actions urgentes et possessoires qui intéressent la localité, prononce, quand il y a urgence, sur toutes les affaires réservées au conseil ou celles qui sont de nature à se répéter fréquemment [1], sans préjudice de la ratification, de l'approbation ou du rejet ultérieur par le conseil, et de l'approbation du roi, si la nature de l'acte le commande. Les budgets, les comptes, les présentations de candidats ne sauraient être compris parmi les actes que la députation peut faire au lieu et place du conseil. On ne conçoit pas l'urgence immédiate du vote du budget annuel, de l'arrestation des comptes d'un exercice précédent, ou de la présentation des candidats aux places vacantes d'une cour royale.

La députation, corps administrateur, procède aux enquêtes qu'elle croit utiles, nomme des commissaires pour les faire, commande aux autorités inférieures d'y procéder, et, s'il y a refus de la part de ces dernières, commet, aux frais des autorités désobéissantes, des citoyens qui les font. Lorsque nous examinions les attributions des conseils provinciaux, nous disions que le pouvoir de faire des enquêtes était une conséquence nécessaire de leur caractère. A plus forte raison, semblable fonction appartenait de droit à la députation : n'est-elle pas par excellence le corps administrateur de la province?

Le caractère essentiellement administrateur de la députation fait pressentir à quel rôle financier elle est appelée. Elle délivre les mandats de payement, mais jamais elle ne peut dépasser les limites du budget : le président

---

[1] Nous citerons pour exemple les cas de surveillance à ce qu'aucun droit nouveau n'entrave le transit des marchandises.

et le greffier signent les mandats, mais ils ne sont exécutoires qu'autant qu'ils sont revêtus du visa de la cour des comptes à laquelle on les envoie sur-le-champ. Il y a une restriction à cette nécessité. La députation peut ordonner le payement immédiat des quatre cinquièmes de la créance, le dernier cinquième ne pouvant jamais être payé sans un visa de la cour des comptes qui vérifie toujours la créance entière. Un tel mode a des avantages : l'impartialité et la vigilance du contrôle garantissent : 1° à l'État qu'il n'y aura pas de fraude dans l'admission des créances contestées; 2° au particulier qu'il n'y aura pas d'injustice dans l'examen de ses prétentions. Mais les lenteurs d'un tel mode d'opérations employé dans un grand pays comme la France, anéantiraient tous les avantages que fait espérer la vigilance d'une cour supérieure. La députation transmet au ministre de l'intérieur l'état des liquidations demandées et opérées pendant le mois précédent, et le ministre des finances met à la fin de chaque mois à la disposition des conseils, les fonds perçus pour le compte des provinces par les employés des finances. Les conseils sont libres d'établir des receveurs particuliers pour les provinces, dans ce cas ils fixent les garanties qu'ils jugent nécessaires. Dans toutes les hypothèses la députation désigne un ou plusieurs membres pour vérifier aussi souvent qu'elle le juge convenable, et au moins une fois l'an, l'état des recettes et des dépenses de la province.

Le conseil est la grande autorité de la province; la députation n'administre qu'en son absence et à cause de l'impuissance d'agir à laquelle le condamne son grand nombre. Aussi chaque année, à l'ouverture de la session du conseil, la députation expose l'état de la province sous le rapport administratif, lui soumet les comptes des

recettes et des dépenses de l'exercice précédent, de plus
le projet du budget de l'exercice suivant, et enfin toutes
les autres propositions qu'elle croit utiles. De même
que le roi peut annuler les actes d'un conseil, et le suspendre de ses fonctions, de même le roi peut suspendre
une députation et annuler ses actes. Il lui est interdit,
comme il est interdit à un conseil de correspondre avec
une autre députation, et de faire des proclamations
ou des adresses. Mais elle rend des ordonnances ou règlements, les publie et les fait insérer dans un recueil
intitulé *Mémorial administratif*, ils deviennent obligatoires le huitième jour de la date de leur insertion. Les
expéditions sont délivrées par le greffier.

DU GREFFIER PROVINCIAL.

Le greffier est chargé : 1° de la rédaction des procès-verbaux ; 2° de la transcription de toutes les délibérations ; 3° de l'envoi aux membres des conseils,
et de la communication aux personnes intéressées de
ces délibérations ; 4° enfin de la garde des archives
provinciales. L'institution du greffier, essentiellement
utile et profitable, manque aux départements français. C'est lui qui proprement conserve les traditions
et s'occupe de ces menus détails administratifs aussi
profondément dédaignés en théorie que d'une incalcu-
lable portée en pratique. Les secrétaires généraux des
préfectures en tenaient lieu avec avantage avant 1830.
Des motifs d'économie les ont fait supprimer. On doit
d'autant plus déplorer leur suppression que les mutations
des préfets, devenues plus fréquentes, rendent l'administration plus vacillante. Elle n'a aujourd'hui de suite et
de fixité que grâce à la routine quelquefois peu élevée

des employés. Les secrétaires généraux donnaient de la suite et de l'élévation aux travaux. Les greffiers provinciaux ont cette action bienfaisante sur la marche de l'administration belge. Pris ordinairement parmi les habitants de la province, ils en connaissent l'esprit, les tendances et les besoins; placés à un rang hiérarchique distingué, ils élèvent au-dessus du terre à terre bureaucratique, les opérations d'exécution, et enfin dépourvus de tout caractère politique, ils sont à l'abri des mobilités gouvernementales, impriment aux affaires une suite, un ensemble que les mutations fréquentes ne permettent pas aux gouverneurs de leur donner. Leurs pouvoirs sont peut-être trop limités, mais dans la sphère d'action où ils se meuvent ils produisent de fort bons effets.

DU GOUVERNEUR DE LA PROVINCE.

L'immensité des pouvoirs du conseil, l'étendue de ceux de la députation, et la vigueur de l'action de l'un et de l'autre, réduisent à de minces proportions l'autorité du gouverneur. Il n'est proprement que le préparateur ou l'exécuteur des opérations de ces assemblées. Voyez-le agir : il recueille sur les événements arrivés ou sur les choses à faire les renseignements nécessaires, ou il les fait recueillir par les autorités locales. Si elles refusent, il les fait prendre à leurs frais. Il veille à l'instruction des affaires soumises au conseil ou à la députation provinciale; il a entrée aux séances; il peut s'y faire accompagner de commissaires; il doit toujours être entendu, et peut prononcer tel *réquisitoire* (c'est le mot de la loi) qu'il trouve convenable ; il est seul chargé de l'exécution des délibérations ; il exerce au nom de la dé-

putation les actions judiciaires , enfin il prend recours ,
par-devant le roi, contre les actes illégaux de la députation ou du conseil. Telles sont ses fonctions : ce sont
à peu près les mêmes que celles attribuées aux procureurs
généraux syndics des départements par la loi du 22 décem-
bre 1789. Il joue le même rôle et n'a pas d'autres pouvoirs , si ce n'est quelque attribution secondaire , comme
de pourvoir à la vacance des employés des bureaux et des
greffiers provinciaux. Ses pouvoirs sont cependant assez
étendus en ce qui concerne la police. Il veille au maintien du bon ordre et de la tranquillité publique , à la
sûreté des personnes et des propriétés , requiert la force
armée contre les rassemblements tumultueux , dispose
de la gendarmerie et des gardes civiques. De plus , sous
le rapport financier , il contrôle les finances publiques , et vérifie les caisses lorsqu'il le juge utile.

Remarquons que la loi belge, qui ne craint pas de
supposer le mal pour l'empêcher d'éclater, interdit aux
membres des conseils et des députations et aux gouverneurs de prendre part, directement ou indirectement, aux
fournitures , aux adjudications ou entreprises faites ou
à faire dans la province. Nos lois contiennent si rare-
ment de pareilles prohibitions , et il entre si peu dans
nos mœurs de les faire, qu'il est bon de les noter dans les
législations étrangères. Elles n'étonneront pas dans la
législation belge , si l'on songe qu'en Belgique l'administration est mêlée aux affaires ordinaires.

Je m'explique : les citoyens qui agissent, administrateurs par accident, restent dans la vie privée tout en exer-
çant les fonctions publiques. Ils se trouvent placés tout à
coup à la direction des intérêts municipaux du pays, centre de leurs intérêts privés et de leurs affaires particuliè-
res. La confusion des deux qualités peut faire oublier au

citoyen que l'intérêt du particulier n'est pas celui de l'administrateur ; les prévarications sont possibles et d'autant plus à craindre quelles sont plus aisées. En France l'administrateur, ordinairement étranger au pays qu'il gère, rattaché au gouvernement par les liens de l'obéissance et ceux de l'espérance, faiblement occupé d'intérêts particuliers, tout absorbé par les affaires politiques, revêtu du caractère de fonctionnaire public, faisant de la carrière administrative son seul souci, est peu porté à participer à des achats ou à des ventes dont il ne possède guère sous la main les matières premières. Supposez tout l'opposé et vous sentirez la sagesse d'une disposition prohibitive aussi expresse que celle contenue dans la loi belge.

DES COMMISSAIRES D'ARRONDISSEMENT.

Nous avons examiné dans son ensemble le mode d'administration de la province, au-dessous de cette grande unité territoriale il y a l'arrondissement administratif. A la tête se trouve un commissaire du gouvernement nommé *commissaire d'arrondissement*, chargé, sous la direction du gouverneur et de la députation provinciale, de surveiller l'administration des communes rurales et des villes d'une population inférieure à 5,000 âmes, de veiller à l'exécution et au maintien des lois et des résolutions provinciales. Il visite les registres de l'état civil, les caisses communales, fait au gouverneur des rapports sur les événements extraordinaires, un rapport annuel au conseil provincial sur les améliorations désirables, et un autre à la députation sur l'état de l'administration. Les commissaires ne sont pas comme les sous-préfets en France, les intermédiaires obligés des volontés supérieures. Les députations provinciales adressent souvent leurs résolutions aux administrations communales par la voie directe, et les administrations communales se contentent d'en donner seulement connaissance au commissaire de l'arrondissement.

Magistrats instructeurs ou exécuteurs passifs des résolutions des conseils, les commissaires des arrondissements n'ont qu'une médiocre autorité ; leurs fonctions sont plutôt des fonctions de police et de préparation que d'administration et d'initiative. Plus bornés dans le cercle de leurs attributions que nos sous-préfets, on ne retire de leur concours que des services fort limités.

EXTRAIT du tome X (1843) de la *Revue Étrangère et Française* de Législation , de Jurisprudence et d'Économie politique, publiée à Paris par MM. Fœlix, Duvergier et Valette, éditée par Joubert, libraire de la Cour de cassation.

PARIS.—IMPRIMERIE DE FAIN ET THUNOT,
IMPRIMEURS DE L'UNIVERSITE ROYALE DE FRANCE,
Rue Racine, n° 28, près de l'Odeon.

PARIS. — IMPRIMERIE DE FAIN ET THUNOT,
IMPRIMEURS DE L'UNIVERSITÉ ROYALE DE FRANCE,
Rue Racine, 28, près de l'Odéon.